Inke Hummel - Franziska Karagür

Mein Mönkel Mitmachbuch

1. Auflage März 2022

Lektorat: Ulrike Abraham

Verlag:
edition claus
Zum Lindenhof 9
09212 Limbach-Oberfrohna
Deutschland
www.claus-verlag.de
www.edition-claus.de
www.facebook.com/buechermittragweite
www.instagram.com/editionclaus/
twitter.com/clausverlag

Druck:
DZA Druckerei zu Altenburg GmbH
Gutenbergstraße 1
04600 Altenburg

In der „Mönkel"-Reihe sind bereits erschienen:

- „Der Mönkel und der geheimnisvolle Turm", 2. Auflage von 2021, ISBN: 978-3-98188-837-9, 14 Euro
- „Der Mönkel und der Trillfox im Moor", 1. Auflage von 2020, ISBN: 978-3-98188-839-3, 14 Euro
- „Der Mönkel und der Flüsterstein", 1. Auflage von 2022, ISBN: 978-3-98226-431-8, 14 Euro

Inke Hummel - Franziska Karagür

Mein Mönkel Mitmachbuch

Geheimagenten unter freiem Himmel

Miteinander draußen sein –
Eltern-Kind-Beziehung stärken

Dieses Buch gehört:

Inhalt

MÖNKELN MACHT BEZIEHUNGSSTARK

Liebe Erwachsene,

die Mönkel-Bücher sind viel mehr als nur spannende, lustige und herzliche Geschichten zum Vor- oder Selbstlesen. Denn gemeinsam im Kopf, beim Lesen und schließlich auch in Wirklichkeit mönkeln zu gehen – also draußen miteinander nach kleinen aufregenden Erlebnissen zu suchen – macht etwas mit Erwachsenen und Kindern:

Mönkeln schenkt Zeit.
Viel zu oft haben wir im Alltag nur Momente mit unseren Kindern, in denen wir Pflichten erfüllen und uns um Alltagsdinge kümmern: „Hast du an die Hausaufgaben gedacht?", „Putz bitte deine Zähne!", „Wo sind die Gummistiefel?", „Omi möchte gerne einen Rückruf von dir." Wir organisieren und funktionieren, aber rausgehen und zusammen etwas erleben, das setzt einen ganz anderen Fokus.

Mönkeln sorgt für echtes Mit-Sein.
Planen wir, angeregt durch die Mönkel-Bücher, unsere Touren und unsere Zeit ohne andere Aufgaben, können wir uns wirklich auf unsere Kinder einlassen. Sie dürfen mitbestimmen, wo es hingeht und was gemacht wird. Wir können uns ihren Blicken und Entdeckungen zuwenden. Ganz in Ruhe können wir Berührungen und Gehör schenken. Oft entstehen Gelegenheiten für Gespräche, in denen wir unsere Kinder und ihren Blick auf die Welt wunderbar und intensiv kennenlernen können.

Mönkeln lässt uns ein Team sein.
Interesse aneinander, gemeinsame Zeit und auch gemeinsames Lustigsein verbindet – beim Lesen und beim Mönkeln. Wir fühlen uns zusammengehörig und auf gute Weise einander „verpflichtet". Das stärkt den (familiären) Zusammenhalt auch für ganz andere Momente.

Mönkeln vermindert Dichtestress.
Draußensein ist vielen Menschen eine Erleichterung, gerade auch Kindern, die viel zu oft damit zurechtkommen müssen, dass Wände, Möbel und andere Menschen ihren Radius einschränken und sie sich anpassen müssen. Draußen können wir nämlich frei entscheiden, wie viel Nähe oder Abstand wir haben möchten – und das macht es einem Kind manchmal leichter, Nähe zuzulassen und vielleicht einfach wieder mal unsere Hand zu greifen. (Auch für Geschwisterkinder ist Rausgehen fast immer eine Entspannung der Situation, wenn sie zu Hause ständig streiten.)

Mönkeln stärkt unsere Kinder.
Aktiv sein, planen, umsetzen, etwas erleben, etwas schaffen – all das ist ganz wertvoll für den Selbstwert unserer Kinder, vor allem wenn sie dabei von uns Großen wirklich gesehen und wertgeschätzt werden. Sie bekommen Verantwortung übertragen und dürfen unser Vertrauen spüren, wenn sie Wege und mehr bestimmen können. Auch das ist im Alltag oft nicht so einfach möglich, beim Mönkeln hingegen immer in gewissem Maße.

Mönkeln tut auch uns Großen gut.
Wir können als echtes Vorbild im Tun unseren Kindern mitgeben, dass Bewegung wichtig ist, gemeinsame Zeit wertvoll und auch wie ein guter Umgang mit der Natur aussehen kann. Das ist so viel intensiver als bloße Worte. Und wir können die gemeinsam verbrachte Zeit an der frischen Luft ohne Termindruck und Gedanken an die Schmutzwäsche und den Großeinkauf auf jeden Fall auch unter „Selbstfürsorge" verbuchen.

Lasst Euch ein auf Eure Kinder. All das zusammen stärkt Eure Beziehung!

Eure

Inke und

Franziska

KOMMST DU MIT ZUM MÖNKELN?

Mönkeln? Weißt Du schon, was das ist? Und wer der Mönkel ist?

Der Mönkel ist eigentlich ein ganz normales Kind. So mit einem ganz normalen Namen. Er wohnt in einem Haus, wie es viele andere gibt, in einer Siedlung am Rande eines Städtchens, wie sie so oder ähnlich wohl überall zu finden sind. Er trägt, was sicherlich alle Kinder am Ende der Grundschulzeit am liebsten tragen: ausgelatschte Turnschuhe, schmuddelige Jeans und ein ausgeleiertes Lieblings-T-Shirt. Und doch hat der Mönkel etwas ganz Besonderes: seine Mama, die immer sonntags bei gemeinsamen Spaziergängen – oder wie es in ihrer Agentensprache heißt: Missionen! – zu Dr. Pröll wird.

Und Mönkeln ist das Wort für das, was er und inzwischen auch ganz viele andere Kinder tun – und schon immer getan haben, auch bevor es die Mönkel-Geschichten in Buchform gab: Rausgehen, mit Mama oder Papa, vielleicht auch einer Freundin oder einem Freund, der Omi, dem Patenonkel oder auch dem Hund. Herumstromern und schauen, was man entdecken kann. Neue Wege finden, Pflanzen, Häuser, Tiere, Fundstücke, Spuren oder auch Sperrmüll entdecken. Sich eine Gedankenwelt aus allem erspinnen und vielleicht sogar einen Fall lösen.

Mönkeln geht überall: in der Stadt, auf dem Dorf, am Strand, in den Bergen, hinterm Teich im Stadtpark, nebenan im Hinterhof. Manchmal fällt man hin, macht sich dreckig oder verläuft sich auch mal. Oder man vergisst dabei die Zeit. Das ist das Vermönkeln und gehört auch dazu.

Mönkeln ist immer ein kleines Abends-teuer! Moment: Abends-teuer? Was ist das denn für ein Wort? Das hat der Mönkel immer gesagt, als er noch ganz klein war, weil er Abenteuer nicht richtig aussprechen konnte. Und jetzt sagt seine ganze Familie es immer noch, weil es so schön ist. Vielleicht magst Du es auch übernehmen?

Hast Du Lust, selbst ein Mönkel zu sein und ein bisschen mönkeln zu gehen? Dann nutze dieses Buch zum Planen zu Hause und für Notizen unterwegs.

Viel Spaß!

WAS MUSS MIT ZUM MÖNKELN?

Wenn der Mönkel mönkeln geht, nimmt er manchmal gar nichts mit und ein anderes Mal ganz viel. Denn unterwegs auf Mönkeltour kann man einiges gebrauchen, um ein Abends-teuer zu bestehen.

Was hast Du immer in der Tasche?
Du kannst es hier aufzeichnen oder hinschreiben.

Was könnte noch hilfreich sein?

Der Mönkel verrät es Dir:

- natürlich dieses Buch
- mindestens ein Stift
- eine Lupe
- eine Taschenlampe
- ein Taschenmesser
- vielleicht ein Funkgerät, wenn Ihr als Team loszieht
- ein Rucksack für all die Dinge, damit Du die Hände freihast
- im Rucksack noch eine kleine Stofftasche für Fundstücke
- etwas zu essen und zu trinken!

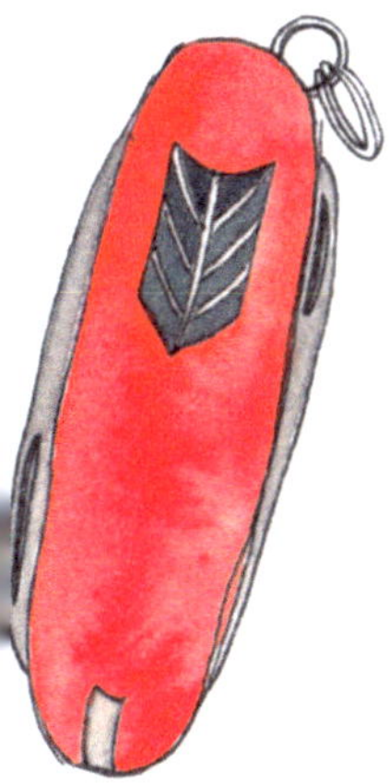

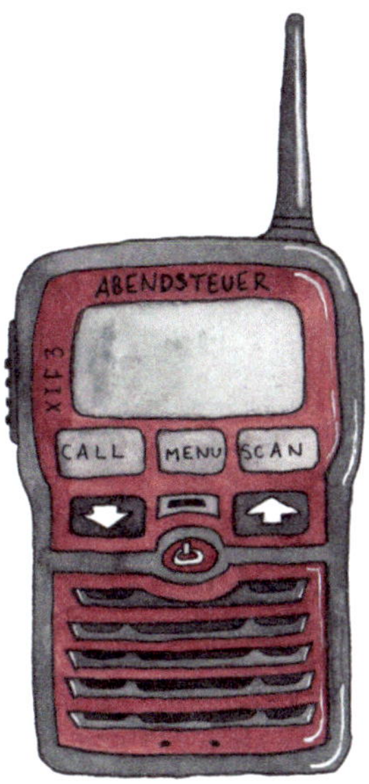

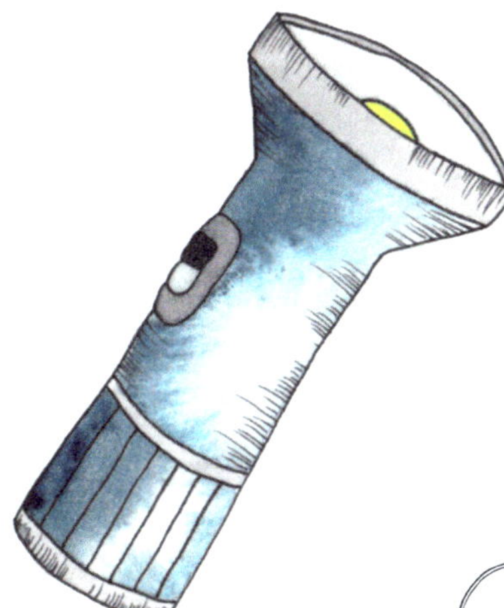

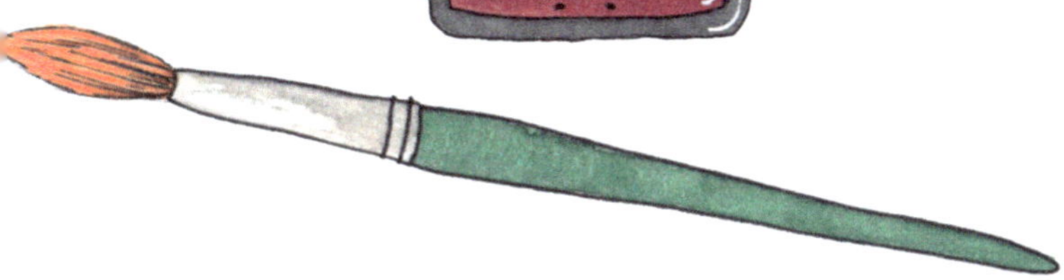

WER MUSS MIT ZUM MÖNKELN?

Wenn der Mönkel mönkeln geht, geht er meist mit seiner Mama, die unterwegs zu seiner Assistentin Dr. Pröll wird. Denn zu zweit macht ihnen die Mönkeltour so richtig Spaß. Manchmal geht er auch mit seiner ganzen Familie oder mit einem Freund. Und ab und an zieht er auch einfach allein los, denn nicht immer hat ein anderer Zeit – und es kann ja durchaus auch mal aufregend sein, sich nicht immer absprechen zu müssen, ob man nun links oder rechts oder auf dem matschigen Trampelpfad weitergeht.

Magst Du auch manchmal allein mönkeln?

- ☐ ja
- ☐ nein

Wer war schon dabei, wenn Du mönkeln warst?
Du kannst es aufzeichnen oder hinschreiben.

Was können diese Begleiter besonders gut?
Schreib es gerne jeweils dazu.
Und wen nimmst Du am allerliebsten mit?

Hier ist Platz für eine Sammlung von Fingerabdrücken Deiner liebsten Menschen – egal ob sie schon mit dabei waren, wenn Du gemönkelt hast, oder erst noch mitkommen müssen:

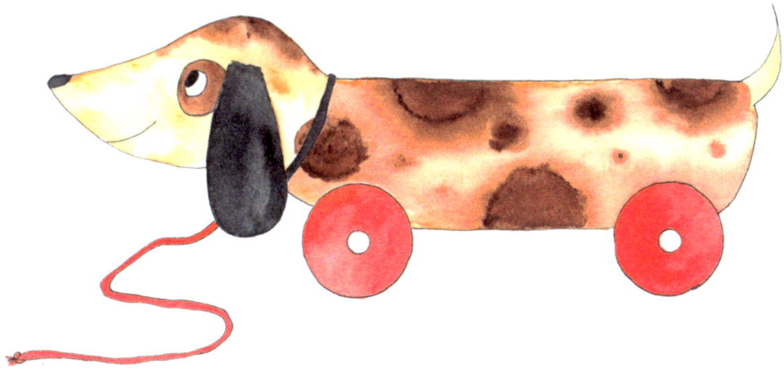

Manchmal nimmt der Mönkel auch nicht nur einen Menschen mit, sondern auch ganz wichtige andere Begleiter*innen. Als er noch ganz klein war, musste oft ein Holzdackel auf Rädern mit. Der gehörte schon seinem Papa als Kind und hat eine Leine um den Hals. Der Mönkel konnte ihn gut ziehen, wenn es über Asphalt oder Gras ging. Auf Waldwegen hat Mama-Pröll ihn meist getragen.

Mönkels großer Bruder hat als kleiner Junge immer gerne einen Teddybären mitgenommen, und damit er ihn während eines Abends-teuers nicht tragen musste, setzte er ihn in einen grünen Puppenbuggy. Den schob er dann und konnte ihn unterwegs außerdem wunderbar mit Steinen, Blättern und Schneckenhäusern (und manchmal auch Schnecken samt Schleim) befüllen.

Hast Du ein Gefährt, das Du mitnehmen kannst?
Du kannst es aufzeichnen oder hinschreiben.

Im Wald und auf verschlungenen Wegen in der Stadt ist ein Gefährt ja gar nicht immer so praktisch – egal ob Puppenbuggy, Kinderrollkoffer oder Bollerwagen. Hast Du eine Idee für ein Mönkelgefährt, das überall hinkäme, aber das die Welt bislang noch nicht gesehen hat?

Du kannst es hier aufzeichnen oder beschreiben.

Und hast Du eine Gefährtin oder einen Kumpel aus Deiner Spielzeugsammlung, die oder der manchmal mitkommen darf? Oder den Du unheimlich gerne mal mitnehmen möchtest? Mach es doch einfach! Und wenn er in den Dreck fällt, kann man ihn waschen, genauso wie Dich und Deine Kleidung.

Magst Du Deine Gefährtin oder Deinen Kumpel aufzeichnen, beschreiben oder ein Foto von ihr oder ihm einkleben?

Mönkels Lieblingsbegleiter ist im Moment der Vogelwurm, eine Marionette, die er schon ganz lange hat. Unpraktisch unterwegs? Ja, da hast Du vielleicht recht. Aber lustig ist es, und das ist manchmal wichtiger.

WO GEHT ES HIN ZUM MÖNKELN?

Wenn der Mönkel mönkeln geht, läuft er meist direkt von zu Hause los. Manchmal geht es auch erst ein Stück mit dem Bus oder dem Auto, um mal neue Orte zu ermönkeln. Und besonders spannend sind natürlich die Abends-teuer, die er im Urlaub erleben kann, weil die Orte da ganz, ganz neu sind, die er entdecken kann.
Die Lieblingsorte des Mönkels kennst Du, wenn Du die Mönkel-Bücher schon gelesen hast:

Der Mönkel ist unheimlich gerne im Moor am Steinbruch.

Der Mönkel findet zugewachsene Grundstücke und alte Häuser spannend.

Wo warst Du schon mönkeln? Du kannst es aufzeichnen oder hinschreiben. Vielleicht kannst Du auch Erinnerungen an die Orte einkleben?

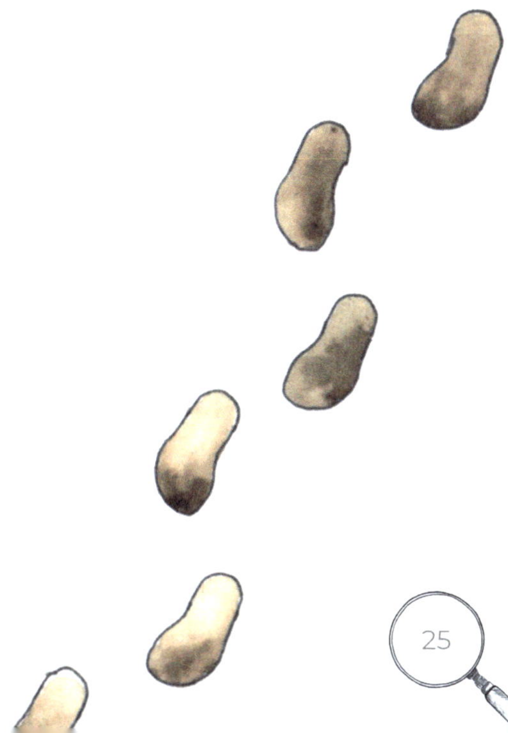

JETZT ABER LOS: MÖNKELTOUR 1

Nun ist genug überlegt und erzählt. Jetzt wird gemönkelt!
Bei Abends-teuer 1 hilft der Mönkel Dir ein bisschen.
Danach kannst Du bestimmt ganz allein weitermachen.

Auftrag: Finde die Sieben-Steine-Bande!
Sie sehen aus wie große Kieselsteine, aber sind gemeine Spione aus Brötesanien, die durch offene Fenster in Häuser springen und Brote oder Kekse klauen, auf den Äpfeln herumhüpfen, bis die braune Stellen bekommen, und die Menschen beim Telefonieren belauschen.

Ort/Ziel: Der erste Ort rings um dein Zuhause, an dem es Steine gibt.

Was muss mit? Sammeltasche, ...

Wer kommt mit?

Weg: *(Du kannst ihn aufzeichnen oder beschreiben.)*

Besonderheiten und Beobachtungen unterwegs:

Fundstücke:
Die Sieben-Steine-Bande! *(Zeichne sie auf oder klebe Fotos ein. Vorher kannst Du den Steinen natürlich gern auch noch Gesichter aufmalen.)*

1. Pauly – Der Boss-Stein. Sie ist ein echter Fiesling, schubst die anderen sechs herum und sagt ihnen, was zu tun ist. Sie hat einen breiten Kopf.

Welche Aufgaben und Fähigkeiten haben die nächsten Steine? Schreib es auf oder bitte einen Erwachsenen um Unterstützung.

2. Drümsbums –

3. Schnanna –

(Die weiteren Steine kannst Du benennen und notieren, was ihre Aufgaben sind und was sie besonders macht.)

4.

5.

6.

7.

Meldung an die Agentenzentrale in London:

Fall gelöst: ☐ ja

☐ nein

Besonderheiten:

Wo wirst du die Sieben-Steine-Bande einsperren?

Unterwegs eigene neue Wörter erfunden?

Musst Du nochmal dorthin, weil noch etwas ungelöst blieb?

JETZT ABER LOS: MÖNKELTOUR 2

Auftrag:

Ort/Ziel:

Was muss mit?

Wer kommt mit?

Weg: *(Du kannst ihn aufzeichnen oder beschreiben.)*

Besonderheiten und Beobachtungen unterwegs:

Fundstücke:
Zeichne sie, beschreibe sie oder klebe Fotos ein.

Meldung an die Agentenzentrale in London:

Fall gelöst: ☐ ja

☐ nein

Besonderheiten:

Unterwegs eigene neue Wörter erfunden?

Musst Du nochmal dorthin, weil noch etwas ungelöst blieb?

STOPP! HIER GEHT ES ZUR MALSCHULE

Wie wäre es zwischendrin mit einem kleinen Training, damit es Dir noch besser gelingt, Deine Erinnerungen an die Abends-teuer aufzuzeichnen?

Schau Dir die Zeichnungen an! Möchtest Du auch versuchen, die Bäume so oder so ähnlich zu zeichnen? Hier ist Platz dafür!

JETZT ABER LOS: MÖNKELTOUR 3

Auftrag:

Ort/Ziel:

Was muss mit?

Wer kommt mit?

Weg: *(Du kannst ihn aufzeichnen oder beschreiben.)*

Besonderheiten und Beobachtungen unterwegs:

Fundstücke:

Zeichne sie, beschreibe sie oder klebe Fotos ein.

Meldung an die Agentenzentrale in London:

Fall gelöst: ☐ ja

☐ nein

Besonderheiten:

Unterwegs eigene neue Wörter erfunden?

Musst Du nochmal dorthin, weil noch etwas ungelöst blieb?

JETZT ABER LOS: MÖNKELTOUR 4

Auftrag:

Ort/Ziel:

Was muss mit?

Wer kommt mit?

Weg: *(Du kannst ihn aufzeichnen oder beschreiben.)*

Besonderheiten und Beobachtungen unterwegs:

Fundstücke:

Zeichne sie, beschreibe sie oder klebe Fotos ein.

Meldung an die Agentenzentrale in London:

Fall gelöst: ☐ ja

☐ nein

Besonderheiten:

Unterwegs eigene neue Wörter erfunden?

Musst Du nochmal dorthin, weil noch etwas ungelöst blieb?

STOPP! UNTERWEGS MUSS AUCH GEGESSEN WERDEN

Natürlich! Essen und Trinken müssen mit. Das hatten wir doch gleich am Anfang gesehen.

Hast Du immer daran gedacht? ☐ ja

☐ nein

Welches Getränk, welches Essen nimmst Du am liebsten mit? *(Du kannst es aufzeichnen oder hinschreiben.)*

Was hattest Du schon mal mit, aber es war dann ganz unpraktisch? Eine Glasflasche, die kaputt ging? Eine Banane, die beim Picknick dann nur noch Brei war?

Du kannst es aufzeichnen oder hinschreiben.

Der Mönkel liebt seine Glasflasche. Die steckt in einem Styropormantel, der das Getränk warm oder kalt hält, und drumherum ist noch ein hübscher Stoff mit Abends-teurer-Motiv.

Der Mönkel und Mama-Pröll nehmen gerne Marzipanstängelchen mit, aber sie machen auch oft selbst Leckereien, die sie dann unterwegs oder k.o. nach der Tour zu Hause essen können. Hast Du Lust, etwas davon nachzubacken vor der nächsten Mönkelei? Dann los:

Mönkel-Milchreis-Kuchen

Kennt Ihr den schon aus dem Buch, in dem der Mönkel den geheimnisvollen Turm und die Hungerbandnuss gesucht hat? Dann wird es höchste Zeit, ihn endlich selbst zu backen.

Zuerst den Milchreis aufsetzen, da das Quellen etwa 1 Stunde dauert.
Zutaten Milchreis:
250g Milchreis
1,5L Milch
2 Beutel Vanillezucker
70g Zucker
1 Stückchen Butter (30g)
1 Prise Salz

Milch mit Zucker, Salz und Butter zum Kochen bringen. Den Reis (gewaschen) in die Milch geben und bei kleiner Hitze köcheln, bis er weich ist (zwischendurch umrühren).
Jetzt einen Streuselteig herstellen.

Zutaten für den Streuselteig:
250g Mehl (Du kannst auch gern Vollkornmehl nehmen)
90g Butter
75g Zucker

1 Päckchen Vanillezucker
1 Ei
1 TL Backpulver

Alle Zutaten verkneten und mit dem Streuselteig eine gefettete Springform auskleiden (2/3 des Teiges für den Boden, 1/3 für den Rand).

Weitere Zutaten:
2 Päckchen Vanillepudding und 2 Eier in den heißen, weichen Milchreis geben und gut verrühren. Die Masse jetzt auf den Streuselteig in die Springform geben und gleichmäßig verteilen.

Und dann?
Etwa 45 Minuten bei 200°C (Ober-/Unterhitze) backen. Eventuell nach 30 Minuten abdecken.

Warm schmeckt der Kuchen am Besten – guten Appetit!

Mönkel-Kinderhände-Brötchen

Für den Teig braucht Ihr etwas Zeit, aber sonst ist das Ganze richtig simpel. Und die Brötchen sind lecker und passen genau in eine Kinderhand.

Zutaten Tag 1
Vorteig:
250g Weizenmehl T550
300g lauwarmes Wasser
½ Päckchen Trockenhefe

In einer Schüssel zusammenrühren und unter einem Tuch an einem warmen Ort über Nacht ruhen lassen.

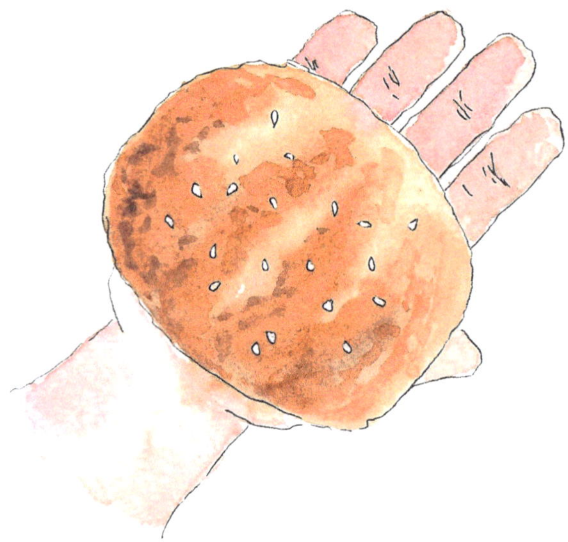

Zutaten Tag 2:
750g Weizenmehl T550
300g lauwarmes Wasser
½ Päckchen Trockenhefe

Alles zum Vorteig dazugeben und 8 Minuten mit den Knethaken der Küchenmaschine kneten.
2 TL Salz dazu.
Nochmal 4 Minuten kneten und dann unter einem feuchten Tuch an einem warmen Ort etwa 2 Stunden gehen lassen.

Und dann?
Mit mehligen Händen formt Ihr etwa pfirsichgroße Brötchen und legt sie auf

ein Blech mit Backpapier. Dort müssen sie nochmal unter einem feuchten Tuch eine Stunde an einem warmen Ort ruhen.
Heizt den Ofen nun vor (230° Umluft) und schneidet die Brötchen ein. Wie, das könnt Ihr euch aussuchen. Der Mönkel macht gerne Sterne. Bestreicht die Brötchen danach noch mit Milch, Kaffeesahne oder Eigelb. Dann könnt Ihr sie auch mit Sesam oder Mohn bestreuseln, aber sie schmecken auch „nackt".

Gebacken werden die Brötchen bei 230° Umluft für etwa 12 bis 15 Minuten.

Mönkel-Haferkekse

Haferkekse klingen öde? Diese Mönkel-Haferkekse sind es garantiert nicht! Es sind die besten Kekse, die Ihr je gegessen habt. Wartet ab!

Zutaten:
250g weiche Butter (rechtzeitig aus dem Kühlschrank nehmen!)
500g feine Haferflocken
200g Zucker
3 Eier
1 TL Backpulver
50 g Weizenmehl T550

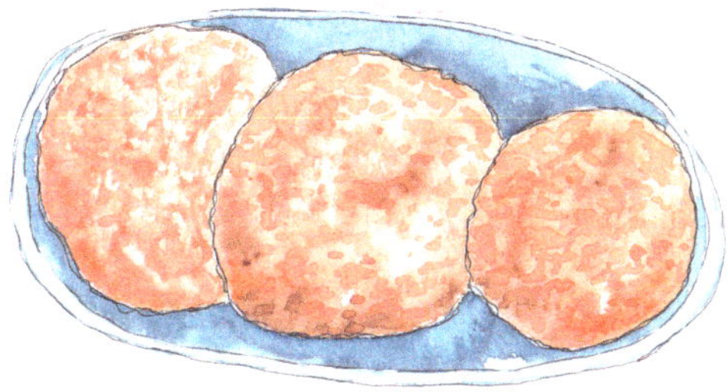

Gebt die Butter, den Zucker und die Eier zusammen und verrührt alles gründlich. Bevor Ihr die Haferflocken hinzugebt, wechselt vom Rührhaken oder Schneebesen auf Knethaken. Fügt dann das Backpulver und das Mehl hinzu. Heizt den Ofen vor auf 180° Umluft.

Und dann?

Formt mit Hilfe von Teelöffeln Keksberge, etwa so groß wie ein halbes Hühnerei und legt sie auf ein Blech mit Backpapier. Gebacken werden die Haferkekse bei 180° Umluft für etwa 15 Minuten.

Ach, und wen dürfen wir nicht vergessen bei all der Schleckerei? Die Tiere natürlich. Mönkel trifft doch oft auf Kriechbaum, den Kater seines Freundes Caspar. Wusstest Du, dass man auch für Katzen etwas selber kochen kann?

Mönkeliges Katzenfutter

Mönkel-Fan Claudia Pietzka ist Katzenbesitzerin und liebt es, ihre Tiere manchmal mit selbst gemachtem Essen zu überraschen. Sie schlecken alles weg – so schnell kannst Du kaum gucken!

Zutaten für die Tagesration einer ausgewachsenen Katze:
200g Rinderhack
2 hartgekochte Eier
3 EL Naturjoghurt laktosefrei (Katzen vertragen Laktose nicht so gut)

Zubereitung:
Zu Beginn kochst Du zwei Eier hart, also etwa 10 Minuten. Die Eier pellst Du und schneidest sie in kleine Würfel. Danach brätst Du das Rinderhack in einer beschichteten Pfanne ohne Gewürze und ohne Fett an, bis es komplett durchgebraten, also nicht mehr rot ist.

Und dann?
Zum Schluss mischst Du die Eierwürfel mit dem gebratenen Hack und rührst alles mit 3 Esslöffeln Naturjoghurt cremig. In einer flachen Dose mit Deckel könntest Du es auch mitnehmen zum Mönkeln, aber Du solltest wissen, wem die Katze gehört, die Du füttern möchtest, und vorher um Erlaubnis fragen.

Und was ist dein liebstes Rezept?
Notiere es doch hier, dann hast Du alle zusammen. Und Du kannst es auch gerne an den Verlag edition claus senden (info@claus-verlag.de), dann können noch andere Mönkelerinnen und Mönkeler auf den Geschmack kommen.

KURZAUSFLUG: MÖNKELTOUR 5

Auftrag:

Ort/Ziel:

Was muss mit?

Wer kommt mit?

Weg: *(Du kannst ihn aufzeichnen oder beschreiben.)*

Besonderheiten und Beobachtungen unterwegs:

Fundstücke:

Zeichne sie, beschreibe sie oder klebe Fotos ein.

Meldung an die Agentenzentrale in London:

Fall gelöst: ☐ ja

☐ nein

Besonderheiten:

Unterwegs eigene neue Wörter erfunden?

Musst Du nochmal dorthin, weil noch etwas ungelöst blieb?

KURZAUSFLUG: MÖNKELTOUR 6

Auftrag:

Ort/Ziel:

Was muss mit?

Wer kommt mit?

Weg: *(Du kannst ihn aufzeichnen oder beschreiben.)*

Besonderheiten und Beobachtungen unterwegs:

Fundstücke:

Zeichne sie, beschreibe sie oder klebe Fotos ein.

Meldung an die Agentenzentrale in London:

Fall gelöst: ☐ ja

☐ nein

Besonderheiten:

Unterwegs eigene neue Wörter erfunden?

Musst Du nochmal dorthin, weil noch etwas ungelöst blieb?

KURZAUSFLUG: MÖNKELTOUR 7

Auftrag:

Ort/Ziel:

Was muss mit?

Wer kommt mit?

Weg: *(Du kannst ihn aufzeichnen oder beschreiben.)*

Besonderheiten und Beobachtungen unterwegs:

Fundstücke:

Zeichne sie, beschreibe sie oder klebe Fotos ein.

Meldung an die Agentenzentrale in London:

Fall gelöst: ☐ ja

☐ nein

Besonderheiten:

Unterwegs eigene neue Wörter erfunden?

Musst Du nochmal dorthin, weil noch etwas ungelöst blieb?

DIE MACHERINNEN

INKE HUMMEL – AUTORIN

Inke Hummel lebt mit ihrer 5-köpfigen Familie in Bonn.

Sie arbeitet als Pädagogin und Autorin. Aus ihrer Feder stammen Elternratgeber, Schulungsmaterialien und Kinderbücher.

Die Mönkel-Reihe entstand für ihren jüngsten Sohn.

Foto: Jens Unglaube, Bad Honnef

Mehr unter *www.inkehummel.de*

FRANZISKA KARAGÜR – ILLUSTRATORIN

Foto: Maria Herzog, Greifswald, herzogfotografie.de

Franziska Karagür lebt mit ihrem Mann und drei Kindern in Berlin.

2015 hat sie mit Handlettering begonnen und darüber zum Aquarellieren gefunden- und sich in diese Kunst verliebt.

Ein Kinderbuch zu illustrieren, hätte sie sich nie getraut, aber zum Glück hat Inke sie gefragt.

Mehr unter
www.instagram.com/einfachklein

Inke Hummel und Franziska Karagür kennen sich dank des Vereins Bindungs(t)räume, in dem sie mit vielen anderen zusammen daran arbeiten, dass Eltern-Kind-Bindungen gut funktionieren.

Mehr unter *www.bindungstraeume.de*

DANKSAGUNG

Dieses Mitmachbuch ist nur entstanden, weil mein Verleger Christian die großartige Idee dazu hatte – danke. Außerdem danke ich Claudia, Ulla sowie meinem Mann Christian für ihre Unterstützung, Franziska für die wieder grandiose Zusammenarbeit und natürlich dem echten Mönkel für die Inspiration. Oh, und es ist dringend an der Zeit, meinem ältesten Sohn dafür zu danken, dass er irgendwann den Spitznamen Mönkel erfunden hat!
Für Patrick, Nat und Jan

Inke

Danke Hakan, Mann und Liebe meines Lebens, für deine Liebe,
den Kaffee und alles andere. Ich liebe dich.
Danke an meine tollen Kinder fürs Anfeuern und ihre Begeisterung.
Von Herzen danke ich Inke für ihre Geduld mit mir, ihre Ideen und Ermutigung.
Danke Maria, für unsere Zusammenarbeit, das Lachen und Dasein.
Danke an Christian Wobst dafür, dass es den Mönkel überhaupt gibt.
Und natürlich das größte Dankeschön an alle Kinder,
die den Mönkel lesen und mit ihm Abends-teuer erleben.

Franziska